Gisa L. Mertens

Die lineare Kausalität aus der Leere vom absoluten Nichts

dieses Buch gehört:

FSC
www.fsc.org
MIX
Papier aus verantwortungsvollen Quellen
Paper from responsible sources
FSC® C105338

Bibliographische Information der Deutschen Bibliothek:
Die Deutsche Bibliothek verzeichnet diese Publikation in der Deutschen Nationalbibliographie; detaillierte bibliographische Daten sind im Internet über
http://dnb.ddb.de
abrufbar.

Font: Lapsus Pro, von Jose Roses
unter der Open Font Licence

Herstellung und Verlag:
BoD – Books on Demand GmbH, Norderstedt
ISBN: 978-3-752-60284-5

Die lineare Kausalität aus der

Die lineare Kausalität aus der

Die lineare Kausalität aus der

Die *lineare* Kausalität aus der

Die lineare Kausalität aus der

Die lineare Kausalität aus der

Die lineare Kausalität an der

Die lineare Kausalität aus der

Die lineare Kausalität aus der

Die lineare Kausalität aus der

Die [illegible] [illegible] aus der

Die lineare Kausalität aus der

Die lineare Kausalität aus der

Die lineare Kausalität aus der

Die lineare Kausalität aus der

Die lineare Kausalität aus der

Die lineare Kausalität aus der

Die innere Kausalität aus der

Die lineare Kausalität aus der

Die lineare Kausalität aus der